LA PRÁCTICA de la PRESENCIA DE DIOS

Primera edición: marzo 2026
Título original: La pràctica de la presència de Déu

© 2026, Editorial Albada, S.L.
Avinguda Diagonal 426, 2-2
08037 Barcelona

Diseño y maquetación: Rocío Machuca García
Revisión, edición y traducción: Editorial Albada, S.L.

ISBN: 979-13-991362-5-8
Depósito legal: B 2769-2026
Impreso con papel certificado por el PEFC
en la Unión Europea

HERMANO
LORENZO de la RESURRECCIÓN

LA PRÁCTICA de la PRESENCIA DE DIOS

ALBADA
EDITORIAL

TABLA

TABLA

Introducción

INTRODUCCIÓN

El hermano Lorenzo (Nicolas Herman) nació hacia 1610 en Herimenil, Lorena, entonces ducado francés. Aunque hasta entonces había llevado una vida como la de cualquier joven de la época, a los dieciocho años vivió una intensa conversión a raíz de observar la desnudez de los árboles en invierno. A pesar de que esta revelación se produjo cuando apenas alcanzaba la mayoría de edad, dedicó los veinte años siguientes de su vida al ejército, participando en la Guerra de los Treinta Años. Finalmente, antes de llegar a la cuarentena, un arrepentimiento abrumador se apoderó de él mientras guardaba reposo para curarse de las heridas de guerra, y decidió entregar su vida a Dios. Primero vivió en soledad, pero comprendió que su fe debía crecer y realizarse en comunidad, y entró en el monasterio carmelita de París como hermano lego.

El hermano Lorenzo se inició en su camino cristiano con la intención de hacer penitencia por los pecados que había cometido. En el monasterio se dedicó a la cocina durante quince años, hasta que fue trasladado al taller de reparación de calzado, aunque a menudo seguía ayudando en la cocina. Entonces, en medio de los quehaceres de la vida ordinaria, el hermano Lorenzo descubrió con gran gozo el camino de santidad que le ofrecía la práctica de la presencia de Dios. Era un hombre servicial, austero y humilde; sin embargo, en quienes lo rodeaban y trataban despertaba el deseo de conocer su "secreto". Quizá el hermano Lorenzo habría dedicado su vida a realizar las tareas que se le habían encomendado de manera discreta, sin explicar cuál era su verdadero motor, pero el padre Joseph de Beaufort —consejero del arzobispo de París— se encargó de reunir los recuerdos de cuatro conversaciones con el hermano, quince de sus cartas —se sospecha que escritas a una misma persona— y los publicó en un libro: *La práctica de la presencia de Dios*.

El hermano Lorenzo murió en el año 1691, después de cuarenta años de practicar la presencia de Dios. El libro que escribió Beaufort no tiene un carácter sistemático, pero presenta con eficacia medios prácticos y concretos para practicar la presencia de Dios en medio de la vida ordinaria. Aunque fue escrito hace trescientos años, su mensaje todavía puede ser útil para todos los cristianos, sobre todo para aquellos que tienen dificultad para encontrarse con Dios mientras atienden los asuntos de cada día. Cada una de las partes del libro, escritas directamente por el hermano Lorenzo o por su amigo y abad Joseph de Beaufort, muestra los secretos que el hermano Lorenzo guardaba en su corazón, todos ellos arraigados en un profundo amor y una profunda devoción a Dios.

En Albada Editorial consideramos que Dios y la vida ordinaria no son dos compartimentos separados que funcionen independientemente el uno del otro, sino que se relacionan y se vinculan de tal modo que uno alimenta al otro. El fruto de reconocer este vínculo es una mirada en la que todo aquello que ocupa nuestros días puede convertirse en oración si hacemos el esfuerzo de ofrecerlo. La actitud del hermano Lorenzo, un hombre de consignas simples y vida interior despierta, ofrece un ejemplo cotidiano y cercano para animarnos a hacer que Cristo sea el centro de nuestros días, cada día; también cuando parece que los días son anodinos y cuando el trabajo se hace pesado. En palabras del hermano Lorenzo, es posible alabar al Señor "haciendo una tortilla", y de esta sencillez quiere beber Albada Editorial. Hemos decidido publicar *La práctica de la presencia de Dios* porque es el libro con el que reza el Santo Padre León XIV, porque valoramos su recomendación, y porque queremos que los cristianos puedan leerlo en su lengua y practicar la presencia de Dios tal como lo hizo el hermano Lorenzo.

ALBADA EDITORIAL

Primera Parte

CONVERSACIONES

Primera conversación

El día que conocí al hermano Lorenzo, me explicó que Dios había sido especialmente bondadoso con él y con su conversión. Tenía dieciocho años. Decía que todo había sucedido un día de invierno, mientras observaba la rama desnuda de un árbol. Aunque la rama no tenía hojas, sabía que pronto volverían a aparecer y que con ellas llegarían también las flores y los frutos. Este pensamiento le produjo una profunda impresión de la providencia y del poder de Dios que nunca lo abandonó. El hermano Lorenzo explica aún que esta experiencia lo desligó por completo del mundo y le concedió un amor tan grande por Dios que no ha cambiado a lo largo de los cuarenta años que ha caminado con Él.

Durante un tiempo, el hermano Lorenzo se había encargado de servir al tesorero del monasterio y se había revelado como un auténtico manazas. Pensaba que, para poder salvarse, debía ser castigado por ser tan torpe. En consecuencia, sacrificó todos los placeres de la vida por Dios. Sin embargo, en lugar de castigarlo, Dios no le dio otra cosa que una satisfacción absoluta. A menudo le decía al Señor que se sentía decepcionado, porque su camino de fe hasta entonces había sido placentero y no doloroso como pensaba que sería.

El hermano Lorenzo insistía en que, para ser conscientes en todo momento de la presencia de Dios, es necesario alimentar el hábito de hablar con Él continuamente a lo largo del día. Pensar que debemos abandonar la conversación con Él para poder lidiar con el mundo es un error. Al contrario, mientras alimentamos nuestra alma contemplando la exaltación de lo divino, descubriremos la gran alegría de ser suyos.

Otra cosa que comentó es que nuestra fe es demasiado débil. En lugar de dejar que la fe guíe nuestra vida, nos dejamos guiar por oraciones penosas y mecánicas. El único camino de la Iglesia para llegar a la perfección de Cristo es la fe.

El querido hermano recalcaba que debemos entregarnos totalmente a Dios, tanto en los asuntos espirituales como en los temporales. Nuestra felicidad debería provenir únicamente de hacer la voluntad de Dios, nos resulte agradable o no llevarla a cabo. Al fin y al cabo, si somos verdaderamente devotos de la voluntad de Dios, el dolor y el placer nos serán indiferentes.

Debemos mantenernos en la fe, incluso en tiempos de sequedad. Es durante estos períodos de aridez cuando Dios pone a prueba el amor que le tenemos. Deberíamos aprovechar estos momentos para practicar nuestra convicción y nuestra sumisión al Señor. Esto nos conducirá a la madurez que necesitamos para caminar con Dios.

El hermano Lorenzo no se sorprendía de la cantidad de maldad e infelicidad que hay en el mundo. Más bien se preguntaba por qué no había más, teniendo en cuenta los extremos a los que el enemigo es capaz de llegar. Decía que dedicaba a ello su oración, pues sabía que Dios podía corregir la situación en un instante si así lo deseaba, y no se permitía preocuparse en exceso por ello.

Para triunfar en la entrega a Dios tal como Él la desea, debemos custodiar nuestras almas constantemente. Además de involucrarnos en los asuntos espirituales, el alma también se implica en los asuntos de este mundo. Sin embargo, cuando damos la espalda a Dios exponiendo nuestras almas al mundo, Él no responderá con la misma prontitud a nuestra llamada. Cuando estamos dispuestos a aceptar la ayuda de Dios y a cuidar nuestra alma de acuerdo con sus deseos, estamos en comunión con Él siempre que lo deseamos.

Segunda conversación

El hermano Lorenzo siempre había estado gobernado por el amor, sin deseos egoístas. Habiendo hecho del amor a Dios el fin de todas sus acciones, había encontrado motivos para estar bastante satisfecho de su método. Se alegraba cuando podía recoger una brizna de paja del suelo por amor a Dios, buscándolo solo a Él y nada más, ni siquiera esperando sus dones. Durante mucho tiempo había estado afligido porque creía que se condenaría, y ni todos los hombres del mundo habrían podido persuadirlo de lo contrario. Pero finalmente razonó consigo mismo de este modo: «No entré en la vida religiosa por ninguna otra cosa que no fuera el amor a Dios, y me he esforzado por actuar solo para Él; da igual lo que sea de mí, perdido o salvado, siempre seguiré obrando puramente por amor a Dios. Al menos tendré este bien: que hasta la muerte habré hecho todo lo posible por amarlo». Esta tribulación duró cuatro años, durante los cuales sufrió mucho.

A pesar de todo, desde ese momento había vivido en perfecta libertad y en una alegría constante. Puso sus pecados ante Dios tal como eran, para decirle que no merecía sus favores. Aun así, Dios seguía derramando sobre él favores en abundancia. «Con la intención de cultivar el hábito de conversar con Dios de manera continua y de referirle todo lo que hacemos, al principio debemos dedicarnos a Él con cierto esfuerzo, pero después de un tiempo deberíamos descubrir que su amor nos impulsa interiormente a buscarlo sin ninguna dificultad».

El hermano Lorenzo esperaba que, después de los días agradables que Dios le había concedido, llegara el turno del dolor y del sufrimiento; pero no estaba inquieto por esta cuestión, porque sabía muy bien que no podía hacer nada al respecto y también sabía que Dios no dejaría de darle la fuerza para soportarlo.

Cuando se le presentaba la ocasión de practicar alguna virtud, se dirigía a Dios diciendo: «Señor, no puedo hacer esto si no me haces capaz de hacerlo». Y entonces recibía fuerzas suficientes para llevarlo a cabo. Cuando había fallado en su deber, se limitaba a confesar su falta diciendo a Dios: «Nunca podré hacer nada de manera distinta si me abandonas a mí mismo. Eres tú quien debe impedir mi caída y corregir en mí lo que está mal». Después de esto, no se permitía ningún tipo de inquietud. «Debemos tratar con Dios con la mayor sencillez, hablándole franca y simplemente, implorando su ayuda en nuestros asuntos a medida que se presentan». Dios nunca había dejado de concedérsela, como había comprobado con frecuencia.

Recientemente había sido enviado a Borgoña para

comprar el vino de la comunidad, una tarea que le resultaba muy poco agradable, pues no tenía ninguna inclinación por los negocios. Además, era cojo y no podía moverse en el barco sino rodando sobre las barricas de vino. Sin embargo, no se permitió ninguna inquietud ni por esto ni por la compra del vino. Le dijo a Dios que se trataba de su negocio y que, al final, todo había salido muy bien. El año anterior había sido enviado a Auvernia con la misma misión y, aunque no sabía muy bien cómo había sucedido, también había salido todo muy bien.

Del mismo modo, en su trabajo en la cocina —al que, por naturaleza, tenía una gran aversión—, habiéndose acostumbrado a hacerlo todo por amor a Dios, en oración constante y pidiendo su gracia para realizar bien su tarea, todo le había resultado fácil durante los quince años que había pasado allí. Atribuía esto al hecho de haberlo hecho todo por amor a Dios, pidiendo tan a menudo como le era posible la gracia para cumplir bien su trabajo. Explicó que en ese momento trabajaba en la zapatería y que le gustaba mucho. En cualquier caso, estaba dispuesto a trabajar en cualquier lugar, siempre contento de poder hacer pequeñas cosas por amor a Dios.

El hermano Lorenzo era consciente de sus pecados y no se sorprendía de ellos. «Esta es mi naturaleza», decía, «lo único que sé hacer». Simplemente confesaba sus pecados a Dios, sin negociar ni excusarse. Después de eso, era capaz de retomar con paz su actividad habitual de amor y adoración. Si el hermano Lorenzo no pecaba, daba gracias a Dios, porque solo la gracia de Dios podía hacerlo capaz de no pecar. Cuando algo le preocupaba, casi nunca pedía consejo a nadie. Le bastaba con saber que Dios estaba allí para caminar a la luz de la fe y abandonarse al amor de Dios sin preocuparse por lo que pudiera suceder. Allí, en el amor de Dios, se reencontraba consigo mismo. Insistía en que pensar demasiado lo estropea todo y en que el demonio a menudo empieza en nuestros pensamientos. Según el hermano Lorenzo, deberíamos rechazar cualquier pensamiento que nos distraiga de servir al Señor o que reste importancia a nuestra salvación. Liberar la mente de estos pensamientos nos permite una conversación tranquila con Dios, aunque añadía que lograrlo no siempre era fácil.

Al principio de su conversión, a menudo pasaba toda su oración rechazando distracciones y volviendo a distraerse. Decía que había que trazar una línea clara entre los actos del intelecto y los actos de la voluntad. Los primeros tienen poca importancia, mientras que los segundos lo son todo. Todo lo que debemos hacer es amar a Dios y complacernos en Él. Afirmaba que todos los actos de contrición que pudiéramos realizar no borran nuestros pecados. De hecho, Dios suele elegir a quienes han sido grandes pecadores para concederles su gracia de manera más abundante, porque así se manifiesta su bondad de forma más llamativa. Solo la sangre de Jesucristo puede borrar nuestros pecados;

por eso debemos esforzarnos siempre en amarlo con todo nuestro corazón.

El hermano Lorenzo decía que se centraba en hacer pequeñas cosas por Él, porque era incapaz de hacer cosas grandes. De este modo, todo lo que el Señor quisiera podía sucederle sin perturbarlo. Con ello procuraba no preocuparse por nada y solo pedía a Dios no ofenderlo.

Tercera conversación

El hermano Lorenzo me explicó con confianza que el fundamento de su vida espiritual era la fe, que le había revelado la posición exaltada de Dios. Una vez asimilado esto, fue inmediatamente capaz de realizar todo lo que hacía movido por el amor a Dios. Comprendía verdaderamente que su fe sólida en Dios era un gran honor, y por eso le abría la puerta para responder a sus oraciones y colmarlo de bendiciones. Explicaba que, si alguien se sometía totalmente a Dios, Él lo protegería de cualquier fracaso y no permitiría que tuviera que sufrir obstáculos durante mucho tiempo, sino que le ofrecería una salida.

El objetivo principal del hermano Lorenzo era no pensar en nada que no fuera Dios. Si se permitía pasar un tiempo sin pensar en Él, no se entristecía. Tras confesar su debilidad a Dios, volvía a Él con mayor gozo y confianza, al darse cuenta de lo infeliz que había sido lejos de la presencia del Señor. Si tenía algún pensamiento grosero o sentía crecer la fuerza de una tentación, no se asustaba ni se sentía indefenso para resistirla. Esto era así porque tenía presentes las experiencias pasadas en las que Dios lo había asistido y le había permitido encontrar el momento oportuno para pedir ayuda. Cuando llegaba ese momento, se dirigía a Dios y los pensamientos venenosos se desvanecían de inmediato. Gracias a esta confianza en el cuidado que Dios tiene de nosotros, cuando el hermano Lorenzo debía atender algún asunto externo, no se preocupaba de antemano; al contrario, pensaba que Dios, cuando conviniera, le ofrecería una imagen tan clara de lo que debía hacer como el reflejo de un espejo. Se había dejado guiar por esta convicción durante mucho tiempo, sin angustiarse por el futuro.

Antes de haber experimentado la mano de Dios en sus asuntos, procuraba controlar todos los detalles, intentando hacerlo todo confiando solo en sí mismo. Ahora, aunque regía su comportamiento con una simplicidad casi infantil, lo hacía todo por amor a Dios, dándole gracias por guiarlo. Todo lo que hacía transcurría con una calma que le hacía consciente de la presencia de Dios. Cuando de repente sucedía algo que interrumpía innecesariamente su comunicación, el Señor le enviaba algún recordatorio que penetraba en su alma desplegando en ella su imagen. A veces esto lo inflamaba de tal modo que sentía un gran impulso de rezar, cantar y bailar con alegría ante Él.

El hermano Lorenzo afirmaba que se sentía mucho más cerca de Dios en su rutina diaria de lo que mucha gente creía posible. El peor desafío que podía imaginar era perder el sentido de la presencia de Dios que lo había acompañado durante tanto tiempo. Sin embargo, su confianza en la bondad de Dios le hacía estar seguro de que Él nunca lo abandonaría del todo. En caso de encontrarse con una gran sacudida vital, sabía que Dios le proporcionaría la fuerza para superarla.

Con esta seguridad, el hermano Lorenzo no tenía miedo de nada. Decía que no le preocupaba tener que morir por causa de Cristo, porque la sumisión absoluta a Dios es el único camino a seguir. En este camino siempre hay luz suficiente para garantizar un trayecto seguro. Al principio siempre es necesaria mucha fe, tanto en las acciones como en la renuncia a uno mismo. Después solo queda una sensación indescriptible de alegría. Si hay que afrontar dificultades, limítate a buscar a Jesucristo y a rezar para recibir la gracia que hará todo más llevadero. Nuestro hermano insistía en que mucha gente se movía únicamente por devociones externas, descuidando el amor, que es en realidad el propósito de todas las devociones. Esto se hacía evidente en sus acciones, y el hermano Lorenzo decía que este hecho mostraba por qué poseían tan poca virtud.

«No se necesita ninguna habilidad ni conocimiento especial para acercarse a Dios», añadía. «Lo único necesario es un corazón enteramente dedicado a Él, por amor a Él sobre todas las cosas».

Cuarta conversación

Hoy el hermano Lorenzo me ha hablado con mucha franqueza y entusiasmo sobre cómo acude a Dios. Ha dicho que lo más importante es renunciar a todo aquello que no nos conduce a Dios. Esto nos permite mantener una conversación continua con Él de manera sencilla y sin obstáculos. Todo lo que debemos hacer es reconocer la presencia de Dios en nuestra intimidad. Entonces debemos hablarle cada vez que necesitemos que nos conceda un favor, comprender su voluntad en momentos de incertidumbre y hacer lo que Él quiere que hagamos del modo que a Él le agrade. Deberíamos ofrecerle nuestro trabajo cuando comenzamos a hacerlo y darle gracias por el privilegio de haberlo terminado. Esta conversación sostenida también debería incluir alabar y amar a Dios incesantemente por su bondad y perfección infinitas.

El hermano Lorenzo me ha dicho que debemos pedir la gracia de Dios con confianza para todo lo que hacemos, abandonándonos a los méritos infinitos del Señor más que a nuestros propios razonamientos. Ha afirmado que Dios nunca nos fallará al concedernos su gracia y que su testimonio personal es prueba de ello. Este hermano en Cristo solo había pecado cuando se había alejado de Dios o cuando no le había pedido ayuda.

«Cuando dudamos —continuaba—, Dios nunca deja de mostrarnos el camino que debemos seguir, siempre que nuestro único objetivo sea agradarle y corresponder a su amor».

El hermano Lorenzo consideraba una lástima que hubiera quienes persiguieran ciertas prácticas —que, señalaba, realizaban de manera bastante torpe dadas las limitaciones humanas— confundiendo los medios con el fin. Declaraba que nuestra santidad no depende de cambiar lo que hacemos, sino de hacerlo por Dios más que por nosotros mismos.

La forma que el hermano Lorenzo consideraba más eficaz para comunicarse con Dios era, sencillamente, realizar su trabajo ordinario. Lo hacía de manera obediente, alimentándose de un amor puro a Dios y purificándolo tanto como humanamente fuera posible. Creía que era un error pensar que el tiempo de oración es distinto de cualquier otro momento. Nuestras acciones deberían unirnos a Dios cuando cumplimos nuestras obligaciones diarias del mismo modo que la oración nos une a Él en nuestras devociones silenciosas.

Decía que sus oraciones consistían enteramente en la presencia de Dios. Su alma descansaba en Dios, habiendo perdido la conciencia de todo excepto del amor de Dios. Cuando no estaba en oración formal, se sentía prácticamente igual que cuando oraba. Cerca de Dios, lo exaltaba con todas sus fuerzas. Por ello, su vida entera estaba llena de deleite.

El hermano Lorenzo subrayaba que debemos confiar en Dios y rendirnos completamente a Él, pues no nos decepcionará. No debemos cansarnos de hacer incluso las cosas más pequeñas por Él, porque Dios no se fija en el tamaño de nuestras obras, sino en el amor con que las realizamos. No debemos desanimarnos si fallamos al principio. Esta práctica convertirá nuestro esfuerzo en un hábito que podremos realizar sin pensar. Decía que, para estar seguros de hacer la voluntad de Dios, solo necesitamos desarrollar una actitud de fe, esperanza y amor. No debemos preocuparnos por nada más. Solo debemos tener en cuenta alcanzar el objetivo final de estar completamente entregados al amor de Dios. Debemos desear amarlo tan perfectamente como podamos, en esta vida y en la eternidad.

Muchas cosas son posibles para quien tiene esperanza; más aún para quien tiene fe; y todavía más para quien sabe amar. Pero todo es posible para la persona que practica las tres virtudes.

El hermano Lorenzo añadió que, cuando comenzamos nuestro camino de fe, debemos recordar que hemos vivido en el mundo, sujetos a todas sus miserias y pruebas. El Señor nos redimirá y nos hará humildes para asemejarnos más a Cristo. Mientras atravesamos este proceso de redención, aumentará nuestra cercanía a Dios. Sabiendo esto, debemos alegrarnos incluso en las dificultades, llevándolas tanto como Dios quiera, porque solo a través de estas pruebas nuestra fe se purificará, haciéndose «más preciosa que el oro» (1 Pe 1,7).

Segunda Parte

CARTAS

Primera carta

Querido amigo, quisiera aprovechar la ocasión para informarte de lo que piensa uno de nuestros hermanos en relación con los resultados de la ayuda continua que recibe de la presencia de Dios. Ambos podríamos beneficiarnos de ello. (Se cree que el hermano Lorenzo se refería aquí a sí mismo. Su humildad le impedía explicarlo directamente). Durante catorce años, la máxima de este hermano ha sido mantenerse lo más cerca posible de Dios, evitando hacer, decir o pensar nada que pudiera disgustarle. No tiene otro motivo para ello que mostrar su gratitud por el amor de Dios.

Este hermano se ha acostumbrado tanto a la divina presencia de Dios que recurre a ella cuando necesita ayuda en todo tipo de ocasiones. Su alma ha estado colmada de una alegría constante que a veces lo sobrepasa: se siente impulsado a hacer cosas que algunos considerarían infantiles, por temor a parecer excesivamente fervoroso.

Si alguna vez se aparta de su divina presencia, Dios lo llama inmediatamente de nuevo, comunicándose con él a través del Espíritu Santo. Esto le sucede a veces cuando está más atareado con su trabajo.

Entonces responde fielmente a la llamada de Dios, ya sea ofreciéndole su corazón con una mirada de ternura o con palabras de afecto, como: «Dios mío, soy todo tuyo; haz conmigo lo que quieras». Entonces es casi como si este Dios de amor regresara a su alma para descansar en ella una vez más, satisfecho con estas pocas palabras. Vivir estas experiencias disipa para este hermano cualquier duda de que Dios está siempre en lo más profundo de su alma, independientemente de lo que haga o de lo que le suceda. ¡Imagina qué satisfacción disfruta al poseer este tesoro imperecedero! No sufre para encontrarlo ni se preocupa por dónde buscarlo, porque ya lo ha encontrado y puede sacar de él todo cuanto quiera.

A menudo dice que los demás hombres son ciegos y se lamenta de que se conformen con muy poco. Dios tiene tesoros infinitos para entregarnos, dice. ¿Por qué habría de bastarnos un breve momento de alabanza? Con una devoción tan pobre desviamos el curso de la abundante gracia de Dios.

Si Dios se encuentra con un alma llena de una fe vivida, derrama en ella su gracia como un torrente. Al haber encontrado un canal abierto, se recrea en él de manera exuberante. A veces entorpecemos el torrente con nuestra falta de respeto hacia Él mismo. Aun así, no debemos contenerlo.

Adentrémonos, querido amigo, en lo más hondo del corazón, derribando el dique, abriendo paso a la gracia y compensando el tiempo perdido. Tú y yo ya tenemos bastantes años a la espalda. Es posible que no nos quede mucho tiempo de vida. La muerte está siempre cerca, así que preparémonos, porque solo moriremos una vez.

Examinémonos de nuevo. El tiempo nos pisa los talones y cada cual es responsable de sí mismo. Me parece que tú te has preparado como es debido, de modo que no te sorprenderá. Por eso te respeto; al fin y al cabo, es cosa nuestra estar lo más abiertos posible a la gracia de Dios. Con todo, debemos caminar siempre en el Espíritu de Dios, porque no avanzar en la vida espiritual es retroceder. Quienes tienen el soplo del Espíritu Santo en el alma avanzan incluso cuando duermen. Si la nave de nuestra alma todavía se deja sacudir por vientos y tempestades, debemos despertar al Dios que ha estado descansando con nosotros, y Él infundirá calma al mar.

Me he tomado la libertad, querido amigo, de contarte todo esto para que examines de nuevo tu relación con Dios. Si de algún modo —ruego que no sea así— se ha enfriado aunque sea un poco, quizá la actitud de nuestro hermano la reavive y la encienda de nuevo. ¿Recuerdas el entusiasmo y el amor a Dios de nuestra primera carta? Podríamos volver a ellos siguiendo el ejemplo de este hermano. No es muy conocido, pero con Dios se siente cuidado con ternura y tenido en cuenta.

Oremos con fervor el uno por el otro para poder recibir nosotros mismos esta gracia.

Segunda carta

Amigo mío:

Hoy he recibido dos libros y una carta de una amiga en común que se está preparando para entregar su vida al servicio de Dios. Me ha pedido que ambos recemos por ella mientras toma la decisión firme de vivir su vida para Él. Te envío uno de los libros en cuestión, que trata sobre la importancia de la presencia de Dios, para que comprendas cuánto lo llevo en el corazón.

Sigo convencido de que toda vida espiritual consiste en practicar la presencia de Dios, y de que cualquiera que la practique correctamente llegará pronto a la satisfacción espiritual. Para lograrlo, es necesario vaciar el corazón de todo lo que pueda ofender a Dios, que quiere poseerlo por completo. Antes de poder obrar en nuestras almas, Dios debe tener sobre ellas un dominio absoluto. No hay manera más dulce de vivir en el mundo que hacerlo en comunión constante con Dios. Solo quienes lo han experimentado pueden comprenderlo. Aun así, no recomiendo practicarlo con la intención de obtener consuelo para los problemas. Más bien hay que buscarlo porque Dios lo quiere y por amor a Él.

Si yo fuera predicador, no predicaría otra cosa que la presencia de Dios. Si tuviera la responsabilidad de guiar almas por el camino recto, animaría a todos a ser conscientes de la constante presencia de Dios, no por otra razón sino porque su presencia es agradable a nuestras almas. Además, es necesaria. Si fuéramos conscientes de hasta qué punto necesitamos la gracia de Dios, jamás perderíamos el contacto con Él. Créeme. Comprométete a no apartarte nunca de Él, a vivir el resto de tu vida en su santa presencia. No lo hagas esperando consuelos celestiales; hazlo únicamente por amor a Él. ¡Manos a la obra! Si lo haces bien, pronto verás los resultados. Te acompañaré con mis oraciones.

Por favor, reza por mí.

Tercera carta

Me asombra que todavía no me hayas hecho saber qué opinas del libro que te envié. A estas alturas ya debes haberlo recibido. Ponlo en práctica con energía, aunque ya seas mayor. Siempre es mejor tarde que nunca. No puedo entender cómo hay personas que aman al Señor y pueden sentirse satisfechas sin practicar su presencia. Yo siempre prefiero retirarme con Él a lo más profundo de mi alma tan a menudo como puedo. Cuando estoy allí con Él, nada me da miedo. Apartarme de Él, en cambio, me duele.

Permanecer en la presencia de Dios no debilita el cuerpo. Abandonar los placeres aparentemente inofensivos y permitidos del mundo, por el contrario, nos proporcionará verdadero consuelo. De hecho, Dios no permitirá que un alma que lo busca encuentre consuelo en nada que no sea Él mismo. Por eso tiene sentido sacrificarnos para pasar tiempo en su presencia. Esto no significa que debas sufrir cuando estás a su lado. No: a Dios hay que servirlo con santa libertad. Debemos trabajar con fe, sin turbarnos ni inquietarnos, confiando serenamente nuestro espíritu a Dios cada vez que se distraiga. La única condición es que pongamos nuestra confianza solo en Dios y abandonemos las demás preocupaciones, incluidas aquellas devociones que hayamos adoptado como medio para un fin. Dios es nuestro "fin". Si practicamos diligentemente su presencia, no necesitaremos los medios anteriores. Podemos continuar el intercambio de amor con Él simplemente permaneciendo en su presencia.

¡Adóralo y alábalo! Podemos darle gracias de tantas maneras... El Espíritu Santo que desciende sobre nosotros nos guía hacia el amor de Dios por caminos inescrutables. Que Dios esté con todos vosotros.

Cuarta carta

Querido hermano mío en el Señor:

Compadezco tu difícil situación. Pienso que lo mejor que podrías hacer es liberarte durante un tiempo de tus responsabilidades actuales y entregarte por completo a la oración. Dios no te pide nada extraordinario. Recordarlo, alabarlo, pedir su gracia, ofrecerle tus preocupaciones o darle gracias por lo que te ha dado te consolará siempre. Durante las comidas o en cualquier otra ocupación, elévale tu corazón, pues incluso el gesto más pequeño le agradará.

No es necesario que ores en voz alta: Él está más cerca de lo que imaginas. Tampoco es necesario estar en la iglesia para permanecer en la presencia de Dios. Podemos convertir nuestros corazones en capillas personales en las que entrar a cualquier hora para hablar con Dios en privado. Estas conversaciones pueden ser tan amorosas y amables, y están al alcance de todos. ¿Hay alguna razón para no empezar? Puede que Él esté esperando que demos el primer paso. Precisamente porque vivimos poco tiempo, deberíamos invertir el que nos queda en pasar tiempo con Dios. Incluso el sufrimiento será más llevadero cuando estemos con Él; sin Él, en cambio, hasta los mayores placeres carecerán de sustancia.

¡Que podamos bendecirlo en todo! Ejercítate poco a poco en mostrarle tu amor pidiéndole su gracia. Ofrécele tu corazón en todo momento. No limites tu amor por Él con normas o devociones especiales. Avanza con fe, amor y humildad. Y sé siempre un siervo del Señor.

Quinta carta

Estimado reverendo:

Me gustaría mucho conocer tu opinión sobre mi situación actual. Hace unos días hablaba con una amiga mía sobre la vida espiritual. Ella la describía como una vida de gracia que comienza con el temor y el respeto del siervo, crece a través de la esperanza en la vida eterna y alcanza su plenitud en el amor puro. También decía que distintas personas viven este amor consumado en grados más altos o más bajos.

No he seguido pasos concretos en mi propio crecimiento espiritual; al contrario, los métodos han acabado resultándome desalentadores. Mi intención al comenzar mi camino de fe fue entregarme a Dios de una vez por todas. Lo hice por amor a Él, porque quería expiar mis pecados y renunciar a todo lo que pudiera ofenderlo. Mis primeras oraciones versaban sobre la muerte, el juicio, el infierno, el cielo y mis pecados. Esto fue así durante algunos años. Cuando no oraba, procuraba mantenerme cerca de la presencia de Dios, incluso mientras trabajaba. Sabía que Él estaba siempre cerca de mí, en el rincón más profundo de mi corazón.

Esto me llevó a respetar a Dios de tal manera que ya me bastaba con tener fe. Continué orando así, lo cual me proporcionó mucha alegría y mucha paz.

Durante los primeros diez años pensé que mi adhesión a Dios no era suficiente. Como no podía olvidarme de mis pecados, me sentía muy culpable al darme cuenta de toda la gracia que Él me concedía. Durante ese tiempo tropezaba a menudo y volvía a levantarme. Me parecía que lo tenía todo —incluso a Dios— en contra, y que solo la fe jugaba a mi favor. Llegué a pensar que me sentía así porque, al inicio de mi camino, quería mostrar una madurez que a otros cristianos les había llevado años alcanzar. A veces me lo tomaba tan a pecho que pensaba que me encaminaba al infierno —ofendiendo abiertamente a Dios— y que no merecía la salvación.

Gracias a Dios, estas preocupaciones no debilitaron mi fe, sino que la hicieron aún más fuerte. Cuando finalmente llegué al punto de pensar que el resto de mi vida sería muy difícil, descubrí que había cambiado. Mi alma, que siempre había estado atormentada, descansaba por fin en una paz interior profunda y verdadera. Desde entonces he servido a Dios con sencillez, desde la humildad y la fe. Por amor, procuro no decir, hacer ni pensar nada que pueda ofenderlo. Mi única petición es que Él haga lo que quiera conmigo. Me siento incapaz de expresar lo que sucede en mi interior ahora mismo. No me inquieta mi propósito vital, porque solo quiero lo que Dios quiere. No se me ocurriría decir nada contra sus mandatos por ningún otro motivo que no fuera el amor a Él.

El amor puro a Dios es lo que me impulsa. He abandonado todas mis oraciones de intercesión para centrar mi atención en permanecer en su santa presencia. Procuro que mis atenciones a Dios sean simples. Este es el secreto de mi alma respecto a la experiencia de la presencia de Dios. Me hace tan feliz que, a veces, me siento impulsado a hacer cosas infantiles para conservarlo.

En conclusión, señor, estoy convencido de que mi alma ha estado con Dios durante más de treinta años. Creo que Dios es mi Rey, contra quien he cometido toda clase de crímenes. Al confesarle mis crímenes y pedirle perdón, me confío a sus manos para que haga lo que quiera conmigo. Este Rey, que rebosa bondad y misericordia, no me castiga, sino que me acoge con amor y me invita a sentarme a su mesa. Él mismo me sirve y me entrega las llaves de su tesoro, tratándome como si fuera su favorito.

Habla conmigo sin mencionar ni mis pecados ni su perdón. Mis hábitos pasados parecen olvidados. Aunque le ruego que haga lo que quiera conmigo, Él no hace otra cosa que acariciarme. Así funciona estar en su presencia. Mi vida cotidiana consiste en ofrecer a Dios una devoción tierna y sencilla. Si me distraigo, me llama la atención de maneras delicadas.

Si piensas en mí, recuerda la gracia que Dios ha derramado sobre mí y no mi habitual ineptitud humana.

Mis oraciones consisten en una simple continuación de este ejercicio. A veces me imagino como un bloque de piedra esperando a su escultor. Cuando me entrego a Dios de este modo, Él empieza a esculpir mi alma y a convertirla en una imagen perfecta de su Hijo. Otras veces siento que toda mi mente y mi corazón se elevan hacia la presencia de Dios, como si, sin esfuerzo, siempre hubieran pertenecido allí.

Algunos considerarán esta actitud un autoengaño, pero no puedo aceptar que se considere así, porque en este estado de gozo en Dios no deseo nada más que su presencia. Si me estoy engañando, el Señor deberá remediarlo. Quiero que haga lo que le plazca conmigo: todo lo que deseo es ser completamente suyo.

Tus sugerencias sobre cómo debo afrontar todo esto me ayudarán mucho, pues respeto profundamente tu opinión.

Unidos en Cristo.

Sexta carta

Querido hermano:

Como te prometí, rezo por ti, aunque mis oraciones sean pobres. ¿No seríamos felices si pudiéramos encontrar el tesoro del que habla el Evangelio? Nada más importa. Ese tesoro es infinito: cuanto más lo exploramos, más riquezas encontramos. ¡No dejemos nunca de buscarlo hasta haberlo encontrado por completo!

No sé qué será de mí. Parece que tengo el alma tranquila y el espíritu en silencio incluso cuando duermo. Al descansar, las contingencias de la vida no me hacen sufrir. No sé qué me tiene preparado Dios, pero estoy tan sereno que no me importa. ¿De qué he de tener miedo, si estoy con Él? ¡Bendito sea el Señor! Amén.

Séptima carta

Querido amigo:

Tenemos un Dios infinitamente bondadoso y sabio. Vendrá y te librará de las angustias en el momento oportuno y cuando menos lo esperes. Ten esperanza en Él más que nunca. Dale gracias por la fuerza y la paciencia que te concede incluso en los momentos difíciles, pues es una señal evidente de que se preocupa por ti. Que su amor te dé ánimo, y dale gracias.

Admiro la fuerza y el valor de tu amigo, el soldado. Dios le ha dado un buen carácter, aunque todavía es un poco bocazas e inmaduro. Espero que los problemas que Dios ha permitido que tenga lo ayuden a centrarse en su vida espiritual. Anímalo a poner su confianza en Dios, que siempre está con él. Necesita comunicarse con Dios en todo momento, especialmente cuando atraviese los mayores peligros. Basta con elevar el corazón. Recordar brevemente a Dios o alabarlo en medio de la batalla le será agradable. Y lejos de disminuir su valentía, esto la hará mayor.

Dile que permanezca en Dios todo lo que pueda, acostumbrándose poco a poco a este ejercicio sencillo pero santo. Nadie lo nota y, sin embargo, nada es tan fácil como alabar al Señor. Dile que lo haga tan a menudo como pueda. Es una práctica muy apropiada para un soldado; de hecho, es necesaria para alguien cuya vida y salvación están siempre en peligro. Que Dios lo ayude a él y a su familia, a quienes envío mis saludos desde aquí.

Octava carta

Querido amigo:

No eres el único que se distrae de la presencia de Dios; lo comprendo perfectamente. Nuestras mentes son muy volubles. Sin embargo, recuerda que los dones de Dios gobiernan toda nuestra fuerza. Debemos reconducir nuestra mente hacia Dios. De lo contrario, nuestro espíritu vagará y nos arrastrará hacia las cosas de la tierra. Creo que el remedio para este problema es confesar nuestras faltas a Dios y humillarnos ante Él. No es necesario ser demasiado prolijos en la oración, pues las oraciones largas fomentan las distracciones. Preséntate ante Dios con sencillez, como un pobre que llama a la puerta de un hombre rico, y fija tu atención en su presencia.

Si a veces tu mente se dispersa, no te inquietes, porque inquietarte te distraerá aún más. Permite que tu voluntad redirija suavemente tu atención hacia Dios. Esta perseverancia le agrada.

Otra manera de evitar que la mente se aleje de Dios durante la oración es entrenarte para habitar en su presencia durante todo el día. Esto te proporcionará una especie de "práctica" que te recordará la necesidad de concentrarte en Él. Si haces esto, te resultará más fácil permanecer en su presencia durante la oración.

Ya sabes, por las cartas que nos hemos intercambiado, cuán ventajoso considero practicar la presencia de Dios. Tomemos en serio este acto de amor a Dios y recemos el uno por el otro.

Hermanos en Cristo.

Novena carta

Querido amigo:

Aquí tienes la respuesta a la carta que recibí de nuestra querida hermana en el Señor; por favor, entrégasela. Parece llena de buena voluntad, pero quiere avanzar más deprisa de lo que permite la gracia. No es posible alcanzar de golpe la madurez espiritual. Te recomiendo que trabajes con ella, pues debemos ayudarnos unos a otros con el consejo y, sobre todo, con el ejemplo. Me gustaría que me mantuvieras informado de vez en cuando para saber cómo progresa.

Recordemos a menudo, querido amigo, que nuestra única ocupación en la vida es agradar a Dios. ¿Qué sentido tendría todo lo demás, si no? Tú y yo hemos caminado con el Señor durante más de cuarenta años. ¿Hemos aprovechado realmente todos estos años para amar y servir a Dios, que con su gracia nos llamó a este propósito?

Cuando pienso en los dones que Dios me ha dado y que aún me da, me avergüenzo. Siento que he abusado de ellos utilizándolos poco para llegar a ser más semejante a Cristo.

Aun así, la misericordia de Dios nos concede un poco más de tiempo. Siempre podemos empezar de nuevo y reparar la oportunidad perdida, volviendo con plena confianza a este Padre benévolo, siempre dispuesto a acogernos con amor. Debemos abandonar todo lo que no es de Dios. ¿No es cierto que Él merece esto y mucho más? Pensemos continuamente en ello y confiemos plenamente. Pronto su gracia abundante nos envolverá. Con la gracia podemos hacerlo todo; sin ella, solo podemos pecar. No podemos evitar los peligros de la vida sin la ayuda constante de Dios, por lo que debemos pedírsela sin cesar.

Pero ¿cómo pedirle ayuda si no estamos con Él? Para estarlo, debemos cultivar el hábito de pensar en Él con frecuencia. Ahora me dirás que siempre digo lo mismo. ¿Qué puedo decir? Es verdad. No conozco ningún método más sencillo, ni practico otro, así que recomiendo el mismo a todos.

Debemos conocer a alguien antes de poder amarlo de verdad. Y para conocer a Dios, debemos pensar en Él a menudo. Una vez lo hayamos conocido, pensaremos en Él de manera habitual, porque donde está nuestro tesoro, allí está también nuestro corazón.

Décima carta

Estimado señor:

Me ha resultado difícil decidir si escribir o no a nuestro hermano en el Señor. Lo hago únicamente porque usted así lo desea. ¿Le importaría escribir la dirección y enviar la carta usted misma? Su confianza en Dios es maravillosa; que Dios la bendiga por ello.

Toda confianza será poca cuando se trata de nuestro Amigo. Él es bueno y nunca nos decepciona, ni en esta vida ni en la siguiente. Rezo para que nuestro hermano sea lo bastante sabio como para aprovechar su pérdida y confiar plenamente en Dios. Tal vez Nuestro Señor le envíe otro amigo más fuerte y dispuesto. Al fin y al cabo, Dios trata nuestros corazones según Su voluntad.

Quizá había demasiado mundo en su amor. Tal vez estaba demasiado apegado a la persona que ha perdido. Aunque debemos amar a nuestros amigos, este amor no debería eclipsar el amor que tenemos por Dios, que debe ocupar el primer lugar.

Recuerde lo que le aconsejé hacer: piense en Dios tanto como pueda, de día y de noche, en todo lo que haga. Él siempre está con usted. Del mismo modo que sería

59

descortés abandonar a un amigo que la visita, ¿por qué faltarle al respeto a Dios abandonando Su presencia?

¡No se olvide de Él! Téngalo a menudo en el pensamiento. Adórelo sin cesar. Viva y muera con Él. Esta es la verdadera profesión de los cristianos. Y si no la sabemos, debemos aprenderla. Rezaré por usted.

Undécima carta

Querido amigo:

Puesto que estás tan interesado en saber cómo trabajé la capacidad de habitar en la presencia de Dios, intentaré explicártelo. Pero debo pedirte que no enseñes mi carta a nadie. Si imaginara que vas a dejarla leer a otra persona, no te lo explicaría, a pesar del interés que tengo en tu crecimiento espiritual.

Aunque he encontrado diversos libros que describen cómo conocer a Dios y madurar espiritualmente, me parece que solo me servirían para confundir mi alma. Lo único que deseaba era pertenecer completamente a Dios, así que decidí darle todo lo que podía darle para obtener, a cambio, la mayor bendición: conocerlo.

Me entregué por completo a Dios, aceptando el perdón de mis pecados, y renuncié a todo aquello que pudiera ofenderlo. Empecé a vivir como si no hubiera nadie más que Dios y yo en el mundo. A veces me consideraba a mí mismo como un criminal ante Él, mi Juez; otras veces lo pensaba como a mi Padre. Procuré mantenerme en esta relación paterno-filial todo lo que pude, adorándolo. Mantuve mi espíritu en su presencia, reconduciéndolo cuando se desviaba. Este ejercicio fue bastante difícil, pero pude llevarlo a cabo incluso cuando me distraía involuntariamente. Me ocupaba de ello tanto tiempo durante mi vida cotidiana como durante la oración.

En todo momento —cada hora y cada minuto— apartaba de mi espíritu todo lo que pudiera alejarme de Dios. Esta ha sido mi rutina desde que empecé a caminar con el Señor. Aunque a veces la practico poco y con muchos errores, sigo sintiéndome muy bendecido cuando la llevo a cabo. Esto debe ser gracias a la misericordia de Dios. No podemos hacer nada sin Él —lo cual es más cierto para mí que para otros—. Cuando nos mantenemos devotos de Su santa presencia y recordamos que Él está siempre ante nosotros, evitamos ofenderlo (al menos involuntariamente). Entonces podemos tomarnos la santa libertad de pedirle la gracia que necesitamos. Continuando esta práctica de Su presencia, Él se nos hace más familiar y Su presencia se vuelve algo natural.

¡Gracias a Dios por la bondad que tiene con nosotros!

Duodécima carta

¡Hola, amigo!

¡Ten ánimo! A menudo Dios permite que atravesemos dificultades para purificar nuestras almas y enseñarnos que debemos confiar más en Él (1 Pe 1, 6-7). Así que ofrécele tus problemas sin cesar y pídele la fortaleza para superarlos. Habla con Él con frecuencia. No lo olvides. Alábalo.

Cuando las dificultades son de la peor clase, acércate a Dios con humildad y mansedumbre —como un hijo que va a su padre amado— y pide a Su gracia la ayuda que necesitas. Te acompañaré con mis humildes oraciones.

Dios tiene diversas maneras de conducirnos hacia Él, pero a veces se nos oculta. En esos momentos, el fundamento de nuestra confianza debe ser la fe, que debemos poner enteramente en Dios. La fe no nos fallará. Debemos recordar que Dios nunca nos abandona, a menos que nosotros lo abandonemos primero. Cuidémonos de no alejarnos nunca de Su presencia. Debemos habitar siempre en ella; vivamos con Él y muramos con Él cuando llegue la hora.

Reza por mí y yo lo haré por ti. Unidos en el Señor.

Decimotercera carta

Querido amigo:

Nunca agradeceré lo suficiente a Dios que haya empezado a liberarte de aquello que te afligía. Dios sabe perfectamente lo que necesitamos y que todo lo que Él hace es para nuestro bien. Si supiéramos cuánto nos ama, siempre estaríamos preparados para afrontar la vida, tanto sus placeres como sus pruebas.

Las dificultades de la vida no tienen por qué ser insoportables. Es la manera en que las miramos —desde la fe o desde la incredulidad— lo que las hace parecerlo. Debemos estar convencidos de que nuestro Padre derrama amor y que solo permite las dificultades cuando son para nuestro propio bien.

Ocupémonos por completo de conocer a Dios. Cuanto más lo conozcamos, más desearemos conocerlo. Puesto que el amor crece con el conocimiento, cuanto más lo conozcamos, más podremos amarlo. Aprenderemos a amarlo tanto en los tiempos de inquietud como en los tiempos de gran alegría.

Aunque busquemos y amemos a Dios por las bendiciones que nos ha concedido y las que puede concedernos en el futuro, no debemos detenernos ahí. Estas bendiciones, por maravillosas que sean, nunca nos acercarán tanto a Él como puede hacerlo un solo acto de fe ejercido en tiempos de necesidad o de conflicto.

Que siempre miremos a Dios con estos ojos de fe. Él está entre nosotros; no debemos buscarlo en ningún otro lugar. Si nos alejamos de Dios, nosotros seremos los únicos culpables, ocupándonos de las banalidades de la vida. En su paciencia, el Señor soporta nuestras debilidades. ¡Imagina el precio que pagamos al apartarnos de Su presencia!

De una vez por todas, entreguémonos por completo a Él. Que todo aquello que no refleja a Jesús se aleje de nuestra alma. Pidámosle la gracia para que así sea, para que solo Él gobierne nuestros corazones.

Te confío, amigo mío, que espero en Su gracia verle dentro de pocos días.

Oremos ambos, el uno por el otro.

—El 12 de febrero de 1691, pocos días después de escribir esta carta, el hermano Lorenzo pasó de esta vida a habitar plenamente en la presencia de su Dios—.

Tercera Parte

MÁXIMAS ESPIRITUALES

Máximas espirituales

Todo es posible para quien cree, más aún para quien espera, más aún para quien ama, y sobre todo para quien practica las tres cosas. Todos los que creemos y estamos bautizados hemos dado el primer paso hacia la perfección. Y llegaremos a la perfección si practicamos los siguientes principios de la conducta cristiana.

En primer lugar, debemos considerar a Dios en todo lo que hacemos y decimos. Nuestro objetivo debería ser llegar a ser perfectos en nuestra adoración a través de esta vida terrenal y en preparación para la eternidad. Debemos tomar la decisión firme de superar, con la gracia de Dios, todas las dificultades con las que nos encontremos en la vida espiritual.

Desde el comienzo del camino cristiano debemos tener presente quiénes somos y que no somos merecedores de llamarnos cristianos, excepto por lo que Cristo ha hecho por nosotros. Purificando las impurezas, Dios desea hacernos humildes, por eso permite los obstáculos y las contrariedades.

Debemos creer de verdad que es a la vez placentero para Dios y bueno para nosotros sacrificarnos por

Él. Sin esta sumisión absoluta de nuestros corazones y nuestras mentes a Su voluntad, no puede actuar para perfeccionarnos.

Cuanto más aspiramos a ser perfectos, más dependientes somos de la gracia de Dios. Empezaremos a necesitar su ayuda incluso para hacer la cosa más pequeña, porque sin su ayuda no podemos hacer nada. El mundo, la carne y el demonio libran una batalla feroz y constante en nuestras almas. Si no fuésemos capaces de depender humildemente de Dios para recibir ayuda, nuestras almas serían arrastradas hacia abajo. Aunque esta dependencia absoluta a veces vaya contra nuestra naturaleza humana, a Dios le deleita. Aprender a llevarla a cabo nos brindará descanso.

Prácticas esenciales
para la vida espiritual

La práctica más santa y necesaria en nuestra vida espiritual debe ser la presencia de Dios. Esto significa encontrar constantemente satisfacción en Su divina compañía, hablando humildemente y afectuosamente con Él siempre que podamos, en todo momento, sin limitar nunca la conversación. Esto es especialmente importante cuando se nos tienta, pero también en tiempos de tristeza, de lejanía, de falta de fe o incluso de pecado.

Debemos tratar a Dios con pequeños gestos también cuando hacemos nuestro trabajo, y no repitiendo oraciones de memoria ni fórmulas preconcebidas. Más bien, debemos abrir nuestro corazón a medida que las palabras se nos presentan.

Debemos hacerlo todo con mucho cuidado, evitando acciones precipitadas, que son evidencia de un espíritu desordenado. Dios quiere que trabajemos delicada, calmada y amorosamente con Él, pidiéndole que acepte nuestro trabajo. Con esta atención sostenida hacia Dios resistiremos al demonio y lo haremos huir.

Hagamos lo que hagamos, incluso si estamos leyendo el Evangelio o rezando, debemos encontrar un momento para detenernos unos minutos —tan a menudo como sea posible— para alabar profundamente a Dios, para disfrutar secretamente de Él. Si creemos que Dios está siempre con nosotros independientemente de lo que hagamos, ¿por qué no detenernos un momento para adorarlo, hacerle peticiones, ofrecerle nuestro corazón y ser agradecidos? ¿Hay algo que pueda agradar más a Dios que vernos abandonar las urgencias del mundo para alabarlo con espíritu? Estos momentos de receso nos liberan de nuestro egoísmo, que solo puede existir mientras estamos en el mundo. En resumen, no podemos mostrar nuestra lealtad a Dios de manera más eficaz que renunciando a nosotros mismos mil veces al día para disfrutar de un solo segundo con Él. Esto no significa que debamos ignorar los deberes del mundo para siempre; eso sería imposible. Dejemos que la prudencia nos guíe. Sin embargo, pienso que es un error común en personas de espíritu lleno no abandonar periódicamente las urgencias del mundo para alabar a Dios y descansar en la paz de Su divina presencia durante unos instantes.

Nuestra adoración a Dios debe ser desde la fe, creyendo que Él vive de verdad en nuestros corazones y que debe ser amado y servido en espíritu y en verdad. Debemos entender que Él es independiente: Él es aquel de quien dependemos, y es consciente de todo lo que nos pasa. La perfección del Señor escapa a toda medida. Con Su infinita excelencia y Su lugar soberano como Creador y Salvador, tiene derecho a poseernos y a poseer toda la existencia del cielo y la tierra. Considerando todo lo que Él es para nosotros, le debemos nuestros pensamientos, palabras y acciones. Esforcémonos con todas nuestras fuerzas por corresponderle.

Debemos examinarnos con cuidado para ver qué virtudes necesitamos más y cuáles nos cuestan más de adquirir. También debemos considerar cuáles son los pecados en los que más a menudo caemos y qué es lo que nos hace caer. En los momentos de lucha, podemos acudir a Dios con absoluta confianza y mantenernos en Su divina majestad. En humilde adoración, debemos confesarle nuestros pecados y nuestras debilidades, solicitándole afectuosamente la ayuda de Su gracia en momentos de necesidad. Entonces nos daremos cuenta de que podemos participar de todas Sus virtudes, aunque no poseamos ninguna propia.

Cómo adorar a Dios

Adorar a Dios en espíritu y en verdad significa adorarlo como debemos. Porque Dios es un Espíritu, debemos adorarlo desde el Espíritu. Esto significa que debemos alabarlo con humildad y un amor sincero provenientes del fondo y el centro de nuestra alma. Solo Dios puede ver esta adoración, que debemos ejercitar recurrentemente hasta que forme parte de nuestra naturaleza, como si Dios y nuestra alma fueran uno solo. La práctica nos lo demostrará.

En segundo lugar, adorar a Dios de verdad es reconocerlo por lo que Él es y reconocernos a nosotros mismos por lo que somos. Adorar a Dios en verdad significa que nuestros corazones lo ven infinitamente perfecto y merecedor de nuestros elogios. ¿Qué hombre, por muy falto de sentido que sea, no invertiría todas sus fuerzas en mostrar respeto y amor por este gran Dios?

En tercer lugar, adorar a Dios en verdad es admitir que nuestra naturaleza es contraria a la Suya. Aun así, Él está dispuesto a hacernos como Él, si lo deseamos. ¿Quién sería tan temerario como para descuidar, ni siquiera por un momento, el respeto, el amor, el servicio y la adoración continua que le debemos?

La unión del alma con Dios

La primera manera de unir el alma a Dios es mediante la salvación solo por Su gracia. Después de esto se abre una etapa en la que el alma salvada conoce a Dios a través de una serie de experiencias, algunas de las cuales acercan el alma a Dios y otras la alejan de Él. El alma aprende qué actividades acercan la presencia de Dios y permanece en Su presencia practicando tales actividades. La unión más íntima con Dios es la misma presencia de Dios.

Aunque esta relación con Dios es completamente espiritual, es bastante dinámica, porque el alma no permanece adormecida; más bien está viva. En este estado, el alma está más viva que el fuego y brilla más que el sol cuando no hay nubes, pero, al mismo tiempo, es tierna y devota.

Esta unión no es solo una expresión del corazón, como decir "Señor, te amo con todo mi corazón" o algo similar. Más bien, es un estado inexpresable del alma —amable, en paz, respetuoso, humilde, amoroso y muy sencillo— que impulsa a la persona a amar a Dios con urgencia, a adorarlo y a abrazarlo con alegría y ternura. Cualquiera que intente ejercitar la unión con

Dios debe darse cuenta de que, aunque algo sea agradable y encantador de manera natural, no significa que lo acercará a Dios.

A veces es útil separar los sentimientos de la voluntad del mundo para poder centrarse completamente en Dios. Si la voluntad puede comprender a Dios de alguna manera, solo puede ser a través del amor. Y este amor, que encuentra su fin en Dios, encontrará obstáculos en las cosas del mundo.

La presencia de Dios

La presencia de Dios es la concentración de la atención del alma en Dios, recordando que Él siempre está ahí. Conozco a una persona que, durante cuarenta años, ha practicado la presencia de Dios, a la que llama de muchas maneras. A veces la llama un simple acto —un conocimiento claro y distinguido de Dios— y otras veces la llama una mirada vaga o nítida hacia Dios: recordarse de Él. También se refiere a ello como atención a Dios, comunión silenciosa con Dios, confianza en Dios o la vida y la paz del alma.

En definitiva, esta persona me ha explicado que todas estas definiciones de la presencia de Dios son sinónimos que significan lo mismo, una realidad que para él se ha vuelto natural.

Mi amigo me explica que, al abandonarse en la presencia de Dios, ha establecido una dulce comunión con Dios y con Su espíritu al mismo tiempo, sin mucho esfuerzo, en la plácida paz de Dios. En el centro de este descanso encuentra la fe para enfrentarse a todo lo que la vida le presenta. Esto es lo que él llama la "verdadera presencia" de Dios, que incluye todo tipo de comuniones que una persona que aún habita la tierra puede tener con Dios.

Él habla afectuosamente con Dios dondequiera que vaya, le pide todo lo que necesita y se alegra de poder estar con Él. Sin embargo, debemos tener en cuenta que esta conversación con Dios se desarrolla en las profundidades del alma. Es allí donde el alma puede hablar con Dios de corazón a corazón y siempre habitando una profunda paz que el alma disfruta en Dios.

Los problemas del mundo pueden convertirse en un manojo de paja que no se enciende aunque se acerque fuego, mientras el alma protege su paz en Dios. La presencia de Dios es, entonces, la vida y el alimento del alma, que se puede adquirir con la gracia de Dios. Aquí están los medios para lograrlo.

Los medios para adquirir
la presencia de Dios

El primer medio para adquirir la presencia de Dios es una nueva vida, recibida por la salvación a través de la sangre de Cristo. El segundo es practicar devotamente la presencia de Dios. Esto debe hacerse siempre de manera amable, humilde y afectuosa, sin dar paso a ansiedad ni tribulaciones. Después, los ojos del alma deben mirar al Señor, especialmente cuando ocurre algo en el mundo exterior. Como se necesita mucho tiempo y esfuerzo para perfeccionar esta práctica, no debemos desanimarnos ante los fracasos.

Aunque el hábito es difícil de adquirir, es una fuente de placer divino cuando ya se ha aprendido. Es normal que el corazón —que es el primero en vivir y el que domina el resto del cuerpo— sea el primero y el último en amar a Dios. El corazón es el principio y el fin de nuestras acciones físicas, espirituales y de todo lo que hacemos en la vida. Por ello, es la atención del corazón la que debemos centrar con más cuidado en Dios. Al inicio de esta práctica, no estaría mal ofrecer frases cortas inspiradas por amor, como "Señor, soy todo tuyo", "Dios de amor, te amo con todo el corazón", o "Señor, úsame para hacer Tu voluntad".

Recuerda proteger la mente de distraerse y volver al mundo. Mantén tu atención solo en Dios, entrenando tu voluntad para que permanezca en Su presencia.

Finalmente, aunque este ejercicio pueda ser difícil al principio, tiene efectos maravillosos para el alma cuando se practica con fe. Derramará abundantemente las gracias del Señor y mostrará al alma cómo ver la presencia de Dios en todas partes con una visión pura de amor, que es la actitud más santa, firme, fácil y efectiva de orar.

Las bendiciones de la presencia de Dios

La primera bendición que el alma recibe al practicar la presencia de Dios es que su fe revive y se vuelve más activa en toda su vida. Esto es particularmente cierto en momentos difíciles, porque recibe la gracia necesaria para luchar contra la tentación y guiarse al andar por el mundo.

El alma que está acostumbrada a practicar este ejercicio de fe puede ver y notar a Dios apenas entrar en Su presencia. Lo invoca con facilidad y obtiene lo que necesita. Mientras lo hace, podríamos decir que el alma se acerca al Bendito de una manera en que prácticamente puede decir "No necesito creer, porque ahora veo y experimento". La fe se vuelve más y más penetrante a medida que se desarrolla a través de la práctica.

En segundo lugar, la práctica de la presencia de Dios nos fortalece en la esperanza. Nuestra esperanza aumenta mientras nuestra fe penetra los secretos de Dios a través de la práctica de este santo ejercicio. El alma descubre en Dios una belleza que lo supera, impropia de los cuerpos que vemos en la tierra y propia de los ángeles.

Nuestra esperanza aumenta y se fortalece, y la cantidad de bien que espera disfrutar —y que, hasta cierto punto, prueba— la reafirma y sostiene.

La tercera bendición es que esta práctica hace nacer la voluntad de disfrutar del hecho de apartarse del mundo, haciéndola brillar con el fuego del santo amor. Esta presencia alimenta un ardor santo, una urgencia sagrada y un deseo vehemente de ver a este Dios que el alma ama tan fervorosamente.

Al practicar la presencia de Dios y mirarlo continuamente, el alma se familiariza con Él hasta tal punto que pasa su vida realizando actos de amor, alabanza, confianza, gratitud, ofrendas y peticiones. A veces esto puede concretarse en un solo acto que no termina, porque el alma ejerce constantemente la divina presencia de Dios.

Cuarta Parte

LA VIDA DEL HERMANO LORENZO

Esta crónica de la vida del hermano Lorenzo fue escrita y publicada poco después de su muerte por su querido amigo Joseph de Beaufort.

Una verdad que aparece recurrentemente en las Escrituras es que el brazo de Dios no se acorta, porque Su misericordia no se agota con nuestras miserias. El poder de Su gracia no es menor hoy que en los primeros días de la Iglesia. Dios deseaba que los santos estuvieran con Él hasta el fin del mundo. Los santos le rendían un respeto acorde con su grandeza y majestad, y serían modelos de virtud por el ejemplo de santidad que presentan.

A Dios no le satisfacía que estos hombres extraordinarios nacieran solo durante los primeros siglos. Todavía ahora aparecen personas que encajan perfectamente con los deberes de un santo, que guardan los frutos del Espíritu personalmente, los transmiten y los hacen revivir en otros.

El hermano Lorenzo de la Resurrección, un hermano laico carmelita, fue este tipo de hombre. Dios lo hizo nacer en estos tiempos presentes para ofrecer un ejemplo de la práctica de todas las virtudes.

Su nombre terrenal era Nicolás Herman. Sus padres, personas ejemplares como manda Dios, le enseñaron a amar al Señor durante su infancia. Se preocuparon mucho por su educación, impartiendo solo aquellas lecciones que concordaban con el Evangelio.

Cuando era joven, se unió al ejército. Comportándose con sencillez y humildad, comenzó a recibir pruebas de la bondad y misericordia de Dios.

Para empezar, fue prisionero de las tropas alemanas y tratado como espía. Realmente no podemos imaginar el ejercicio de calma y paciencia que tuvo que mantener durante este desagradable suceso. Los alemanes incluso amenazaron con colgarlo. Él se dedicó a responder que no era lo que pensaban, añadiendo que, como nunca había hecho nada que perturbara su conciencia, la muerte no le atemorizaba. Cuando los oficiales superiores se enteraron, lo liberaron.

Más tarde, el joven soldado fue herido, y la herida lo obligó a retirarse a casa de sus padres, que no estaba lejos. Esto le permitió ejercer una profesión más santa, luchando bajo la bandera de Jesucristo. Llegó a la conclusión de que quería entregarse completamente a Dios y hacer las paces con su pasado, pero no por vanidad, sino por un sentimiento de verdadera devoción.

Entonces, Dios le permitió darse cuenta de la vacuidad de los placeres del mundo y lo tocó con un amor celestial. Aunque no comprendía aún la plenitud de la gracia de Dios, el hermano Lorenzo no permitió que la gracia le aliviara inmediatamente los problemas. Tuvo dificultades y dudas serias sobre su vocación, la corrupción del mundo, la inestabilidad humana, la infidelidad y la traición de los enemigos. La verdad eterna del Señor finalmente le permitió conquistar todos estos temores.

Tomó la firme decisión de aceptar las enseñanzas del Evangelio y de caminar siguiendo las huellas de Jesucristo. Esto aportó una luz renovada a su rostro: lo liberó de las dificultades que el demonio normalmente pone en el camino de quienes quieren entregar su vida a Dios.

Nuestro hermano adquirió una prudente firmeza, que le dio la determinación necesaria para seguir a Dios, y todas sus dificultades anteriores desaparecieron de un momento a otro, como si se tratara de un milagro.

Meditando en las promesas del Señor y Su amor por Jesucristo, se convirtió en otro hombre. La humildad de la cruz se le hizo más deseable que toda la gloria que el mundo podía ofrecer. Lleno de celo divino, el hermano Lorenzo buscó a Dios en la sencillez y sinceridad de su corazón.

Como su alma estaba cansada de la vida dolorosa que había llevado hasta ese momento, decidió retirarse al desierto. Allí, gracias a su nueva fuerza cristiana, logró estar más cerca de Dios que nunca. Pero una vida tan solitaria no es buena para los jóvenes cristianos, como pronto descubrió nuestro hermano.

Viendo que la alegría y la tristeza, la paz y la angustia, la confianza y la pesadez tomaban turnos para gobernar su alma, el hermano Lorenzo comenzó a dudar de la sabiduría de su decisión de vivir en el desierto, deseando entonces vivir en una comunidad cristiana.

La vida en un grupo de estas condiciones orbitaba alrededor de la roca firme de Cristo, más que en las arenas movedizas de la devoción individual y temporal. Asimismo, los miembros de la comunidad podían edificarse y exhortarse mutuamente, protegiéndose de la naturaleza cambiante de los caprichos individuales.

Aunque los primeros pasos fueron difíciles, fue persuadido afectuosamente por Dios de trasladarse a París, donde se convirtió en hermano de la Orden Carmelita y tomó el nombre de hermano Lorenzo.

Desde el principio, la oración fue fundamental para él. Por mucho trabajo que tuviera, nunca acortaba su tiempo de oración. Recordando la presencia de Dios y el amor que de ella se desprende, pronto se convirtió en un modelo para los miembros del monasterio. Aunque se le asignaron los deberes más humildes, nunca se quejó. La gracia de Jesucristo lo sostenía en todo lo desagradable o fatigoso. Su fe en Dios era ejemplar. Incluso cuando uno de sus superiores le dijo por error que se hablaba de expulsarlo del monasterio, respondió: "Estoy en las manos de Dios; hará conmigo lo que Él quiera. Si no le sirvo aquí, le serviré en otro lugar".

Sin embargo, mientras el hermano Lorenzo procuraba vivir de una manera más espiritual, le acosaban recuerdos de su vida pasada, y se juzgaba a sí mismo como un gran pecador que no merecía las atenciones de

Dios. Esto lo condujo a diez años de miedo y angustia intensos, en los que a menudo dudaba de su salvación.

Con el corazón afligido, entregaba estas preocupaciones a Dios. Pero pronto sus temores sobre lo que supondría servir totalmente a Dios le hicieron resistirse a la salvación completa de Dios. Durante esta temporada amarga y oscura, el hermano Lorenzo no encontraba mucho consuelo en la oración, pero aun así continuaba rezando. Poniendo su confianza en Dios, su mayor deseo seguía siendo agradarle. Incluso cuando sentía que debía rendirse, perseveraba con fuerza y valentía interior.

Finalmente, imploró a Dios: "No me importa qué haga o qué padezca mientras permanezca amorosamente unido a Tu voluntad." Esta era precisamente la disposición que Dios quería que desarrollara antes de derramar sobre él las bendiciones de Su presencia.

Lo que nuestro humilde hermano no sabía era cuán misericordioso es Dios con pecadores como él. No se dio cuenta de que ya había sido perdonado. Desde entonces, la firmeza de su alma fue más evidente que nunca. Dios, que puede obrar maravillas en un instante, abrió súbitamente los ojos del hermano Lorenzo. Recibió una revelación divina de la majestad de Dios que iluminó su espíritu, disipó sus temores y acabó con sus tribulaciones y dolores internos.

Desde ese momento, meditar sobre el carácter y el amor de Dios moldeó el carácter del hermano Lorenzo. Se volvió tan natural para él que pasó los últimos cuarenta años de su vida practicando continuamente la presencia de Dios, que describía como una conversación silenciosa y familiar con Él.

El hermano Lorenzo comenzó su práctica cultivando una profunda presencia de Dios en su corazón. Explicaba que la presencia de Dios debía mantenerse mediante el corazón y el amor más que por el entendimiento y los discursos. "En la manera de hacer de Dios", decía, "el pensamiento cuenta poco, el amor lo hace todo. Y no es necesario tener grandes cosas que hacer. Giro mi tortilla en la sartén por amor a Dios; cuando ya está lista, si no tengo nada más que hacer, me postro en tierra y adoro a mi Dios, que me ha concedido la gracia de hacerla, y luego me levanto más satisfecho que un rey. Cuando no puedo hacer nada más, basta con haber movido un hilo de paja del suelo por amor a Dios."

"La gente busca métodos para aprender a amar a Dios. Esperan llegar allí a través de innumerables prácticas y caminos; se preocupan mucho por mantenerse en la presencia de Dios de muchas maneras. Pero ¿no es un camino más corto y directo hacerlo todo por amor a Dios, usar cada tarea que uno debe cumplir para mostrarle nuestro amor y mantener Su presencia en nosotros estableciendo una comunión entre nuestro corazón y el Suyo? No hay sutileza en ello, solo hay que llevarlo a cabo de manera simple y generosa."

Cuando uno de los hermanos le preguntó insistentemente al hermano Lorenzo cuáles eran sus métodos para practicar la presencia de Dios, él respondió con su habitual sencillez: "Cuando entré al monasterio, entendía a Dios como el principio y fin de todos mis pensamientos y todos los sentimientos de mi alma. Durante las horas de oración, meditaba en la verdad y el carácter de Dios que debemos aceptar por la luz de la fe, más que invertir tiempo en meditaciones laboriosas y lecturas. Meditando en Jesús mismo, fui conociendo Su persona en la que decidí habitar para siempre."

"Completamente inmerso en la conciencia de la majestad de Dios, solía encerrarme en la cocina. Solo, después de haber hecho todo el trabajo que debía, me entregaba a la oración con el tiempo que me quedaba. Rezaba al inicio y al final de mi trabajo. Al comenzar mis tareas, decía a Dios con confianza: 'Dios mío, ya que estás conmigo y que, por Tu voluntad, debo ocuparme de cosas externas, por favor, concédeme la gracia de permanecer en Ti, en Tu presencia. Trabaja conmigo para que el fruto de mi trabajo sea el mejor. Recibe como muestra de amor mi trabajo y mis afectos.'"

"Mientras trabajaba, procuraba continuar hablando con el Señor como si estuviera allí mismo, conmigo, ofreciéndole mi servicio y agradeciéndole Su asistencia. También, al terminar el trabajo, lo examinaba con cuidado. Si parecía bien hecho, daba gracias a Dios. Si tenía errores, pedía Su perdón sin desanimarme y continuaba con mi trabajo, aún habitándolo."

"Así, continuando la conversación con Dios día tras

día y pidiendo perdón inmediatamente cuando caía o me equivocaba, Su presencia se me ha hecho tan fácil y natural como antes me parecía difícil."

Después de que el hermano Lorenzo comenzara a percibir las grandes bendiciones de esta santa experiencia, aconsejaba a todos sus amigos practicarla con tanta fe y cuidado como les fuera posible. Queriendo que sus amigos la practicaran con firmeza y coraje, empleaba los mejores argumentos que tenía para persuadirlos. Con este entusiasmo espiritual y su divino ejemplo, no solo logró tocar sus mentes, sino también penetrar sus corazones. Los ayudó a emprender esta santa práctica con tanto fervor como indiferencia les había causado antes. Realmente, su ejemplo valía más que sus palabras. Bastaba con mirar al hermano Lorenzo para desear habitar la presencia de Dios tanto como él lo hacía, sin preocuparse por la prisa que uno pudiera tener.

El hermano Lorenzo llamaba a la presencia de Dios el camino más corto y fácil para alcanzar la perfección cristiana y para estar protegido del pecado. Incluso cuando estaba ocupado en la cocina se evidenciaba que el alma del hermano permanecía en Dios. A menudo hacía el trabajo de dos personas, pero parecía que no se apresuraba; más bien daba a cada tarea el tiempo que requería, preservando siempre su aire tranquilo y modesto, ni lento ni rápido, estando en paz y sereno.

En esta unión íntima con el Señor, las pasiones del hermano se calmaron de tal manera que apenas podía sentirlas. Desarrolló una disposición amable, completamente honesta, y el corazón más caritativo del mundo. Su rostro amable, su aire gracioso y afable, su manera modesta y simple inmediatamente le ganaban la estima y buena voluntad de todos los que lo veían. Cuanto más lo conocían, más se daban cuenta de cuán íntegro y reverente era.

A pesar de su vida simple y normal en el monasterio, no pretendía ser austero ni melancólico, porque eso solo habría desanimado a la gente. Al contrario, se comportaba amigablemente con todos y trataba a sus hermanos como amigos, sin intentar destacarse.

Nunca dio gracias a Dios por supuestas virtudes ni alardeó de ellas para obtener aprobación. Procuraba llevar una vida discreta.

Aunque, por supuesto, era un hombre humilde, nunca buscó la gloria de la humildad, sino solo la realidad de la humildad. No quería que nadie, salvo Dios, viera lo que hacía, y la única recompensa que esperaba era Dios mismo. A pesar de ser tímido por naturaleza, no le resultaba difícil comunicar sus pensamientos con intención edificante para sus hermanos. Era observable que favorecía a quienes eran más sencillos y menos sofisticados en su camino con Cristo que a los más iluminados. Con estos últimos, compartía todo lo que sabía.

Con maravillosa sencillez, el hermano Lorenzo les revelaba los secretos de la vida espiritual y los tesoros de la divina sabiduría. La dulzura de sus palabras inspiraba a quienes le escuchaban de tal manera que se alejaban sintiéndose en manos del amor de Dios, con un ardiente deseo de practicar las verdades que les había expuesto.

Como Dios guiaba al hermano Lorenzo más por amor que por miedo a Su juicio, su conversación inspiraba el mismo tipo de amor. Animaba a otros cristianos a confiar en que el amor de Dios guiaría sus vidas espirituales más que el conocimiento de los hombres leídos.

A menudo decía a sus hermanos: "Es el Creador quien enseña la verdad, quien, en un momento, instruye el corazón del humilde y le hace entender los misterios de nuestra fe más que si hubiera pasado la vida estudiándolos". Por ello evitaba todas aquellas preguntas que no llevaban a ninguna parte y que solo sirven para agobiar el espíritu. Sin embargo, cuando sus superiores le pedían que explicara su opinión sobre cuestiones difíciles, sus respuestas siempre eran tan claras que no necesitaban añadidos.

Muchos hombres leídos se dieron cuenta de esta notable capacidad. Un ilustre obispo de Francia que se entrevistó varias veces con él dijo que Dios hablaba directamente al hermano Lorenzo, revelándole Sus divinos misterios por la grandeza y pureza del amor que le tenía.

El hermano Lorenzo quería encontrar a Dios en las cosas que Él había creado. Su alma, movida por la grandeza y diversidad de la Creación divina, se adhirió a Dios de tal manera que nada podía separarla de Él. Observaba en cada maravilla de la creación la sabiduría de Dios, Su bondad y las distintas características de Su poder. A veces sentía el alma tan llena de admiración que lloraba de amor y alegría: "¡Oh Señor, cuán incomprensible eres en Tus pensamientos, cuán profundo en Tus designios, cuán poderoso en Tus acciones!"

El camino cristiano del hermano Lorenzo comenzó a raíz de un profundo entendimiento del poder y la sabiduría de Dios. Este conocimiento se convirtió en la semilla de toda su excelencia. Al principio, la fe era la única luz que utilizaba para conocer a Dios. A medida que maduraba, no dejaba que nada que no fuera la fe lo guiara en los caminos del Señor. A menudo decía que todo lo que sentía, todo lo que encontraba escrito en los libros y todo lo que él mismo escribía parecía insustancial comparado con la fe que se le revelaba de la gloria de Dios Padre y Jesucristo.

Me lo dijo así: "Dios es capaz de darse a conocer tal como es; buscamos en el razonamiento y la ciencia, como en una pobre copia, lo que no llegamos a ver en el original. Dios se proyecta en lo profundo del alma. Debemos avivar nuestra fe y evaluarnos para, desde esta fe, por encima de todos nuestros sentimientos, adorar a Dios Padre y a Jesucristo en toda su perfección divina. Este camino de fe es la mentalidad de la Iglesia y permite alcanzar una perfección muy elevada."

La principal virtud del hermano Lorenzo era su fe. Así como el hombre justo vive por su fe, así funcionaba la vida y el despertar de su alma. Su vida espiritual progresó visiblemente por cómo su fe encendía su alma. Esta gran fe lo condujo a Dios, elevándolo por encima del mundo, que llegó a ser despreciable a sus ojos. En consecuencia, buscaba la felicidad únicamente en Dios. La fe era su gran instructora. Fue la fe la que le dio un gran amor por Jesucristo, el Hijo de Dios que es Rey.

Era tan devoto de Jesús que pasaba muchas horas, día y noche, a Sus pies para rendirle homenaje y adorarlo. Esta misma fe le garantizó un profundo respeto por la Palabra de Dios. Nuestro hermano pensaba que ni siquiera los libros de las academias más prestigiosas podían enseñar lo que el gran Libro de Dios enseñaba. Con esta convicción, nada que pudiera leer o que se le explicara estaba a la altura de las verdades reveladas por la fe.

El hermano Lorenzo decía: "Como la perfección de Dios es infinita, es indescriptible; ningún discurso humano es lo suficientemente elocuente para ofrecer una descripción completa de Su grandeza. Solo la fe me permite conocerlo como lo hago. A través de la fe, aprendo más de Él en un momento que lo que aprendería a lo largo de muchos años en una escuela."

La fe le daba al hermano Lorenzo una esperanza firme en la bondad del Señor, confianza en Su providencia y la capacidad de abandonarse completamente en Sus manos. Nunca se preocupó de qué sería de él, sino que se entregó a los brazos de la divina misericordia de Dios. Cuanto más desesperadas le parecían las circunstancias, más esperanza tenía, como una roca que soporta las olas del mar y se reafirma en medio de la tormenta.

Por ello explicaba que la mayor gloria que uno puede ofrecer a Dios es desconfiar de la fuerza propia y confiar completamente en la protección de Dios. Esto implica un reconocimiento sincero de las propias debilidades y una admisión sincera de la omnipotencia del Creador.

La única cosa que el hermano Lorenzo veía en todo lo que le sucedía eran los planes de Dios. Como amaba tanto la voluntad del Señor, podía someter toda su voluntad a Ella. Esto lo mantenía en paz sostenida. Incluso cuando se enteraba de algo que confirmaba el mal en el mundo, elevaba su corazón al Señor, confiando en que Él trabajaría por el bien y el orden general.

Incluso cuando alguien le preguntaba qué respondería si Dios le ofreciera elegir entre vivir o morir e ir al cielo de inmediato, el hermano Lorenzo contestaba que dejaría que Dios eligiera, porque no tenía otra cosa que hacer que esperar a que Dios le mostrara Su voluntad.

La adhesión natural al país de pertenencia que la gente lleva consigo incluso a los lugares más sagrados no lo preocupaba. Era estimado también por aquellos que tenían inclinaciones diferentes. Deseaba el bien en general, sin importarle quién se beneficiaba. Era un ciudadano del cielo y no se preocupaba por las cosas de la tierra. Su perspectiva no estaba limitada por el tiempo, porque no contemplaba nada más que al Eterno.

El amor de Dios reinaba tan completamente en el corazón del hermano Lorenzo que dirigía todos sus afectos hacia su Amado divino. La fe le hacía considerar a Dios como una verdad soberana; la esperanza le hacía pensar en Él como la felicidad plena; el amor le hacía concebirlo como el más perfecto de todos los seres, como la Perfección.

Todo le era igual: cada lugar, cada tarea. El buen hermano encontraba el Bien en todas partes, ya fuera arreglando zapatos o rezando en comunidad. No tenía prisa por ir a los descansos porque encontraba al mismo Dios para amar y adorar tanto en medio del trabajo ordinario como en el desierto.

El único motivo por el que el hermano Lorenzo quería llegar a Dios era hacerlo todo por amor a Él. Por ello le era indiferente lo que le tocara hacer. Todo lo que le importaba era hacerlo para Dios. Le importaba Dios, no la tarea. Sabía que cuanto más le costara lo que debía hacer, mayor sería el mérito de su amor al ofrecerlo a Dios. Sabía que la pequeñez del hecho no disminuiría el valor de su ofrecimiento, porque Dios, que no necesita nada, solo considera el amor que lo acompaña.

Otra característica del hermano Lorenzo era su firmeza insobornable, que en otra etapa de la vida podría haberse llamado intrepidez. Exteriorizaba un alma magnánima, que sabía ponerse por encima del miedo y la esperanza en todo lo que no era de Dios. No codiciaba nada; nada lo abrumaba; nada lo atemorizaba. Esta estabilidad de su alma nacía de la misma fuerza que todas sus virtudes.

Tenía un concepto exaltado de Dios que le permitía pensar en Él como justicia soberana y bondad infinita. Estaba convencido de que Dios no lo decepcionaría y solo le haría bien, porque estaba seguro de no ofenderlo nunca y de hacer todo por amor a Él.

Lejos de amar a Dios solo por los beneficios que podía obtener, lo habría amado aunque no hubiera castigos que evitar o premios que ganar. Deseaba únicamente la Gloria de Dios y el cumplimiento de Su santa voluntad. Esto se hizo especialmente evidente al final de su enfermedad, cuando, incluso durante sus últimos suspiros, su espíritu era tan libre que expresaba estos mismos sentimientos, como si tuviera una salud de hierro.

La pureza de su amor era tan grande que deseaba, en la medida de lo posible, que Dios no viera lo que él hacía por Su servicio. Esto era así porque quería actuar solo por la Gloria de Dios y sin intereses personales. Sin embargo, Dios no dejaba pasar nada sin recompensar a nuestro hermano al ciento por uno, a menudo haciéndole sentir tantas delicias y sensaciones por Su divinidad que lo sobrepasaban. Después, imploraba a Dios: "¡Esto es demasiado, oh Señor! Es demasiado para mí. Si Te agrada, concede este tipo de favores y consolaciones a los pecadores y a quienes no Te conocen para atraerlos a Tu servicio. En cuanto a mí, que tengo el placer de conocerte por la fe, me basta con esto. Aun así, como no rechazaría nada que venga de una mano tan rica y generosa como la Tuya, acepto, oh Dios mío, los favores que me concedes. Pero concédeme, por favor, que después de recibirlos, me los devuelvas tal como me los has concedido; porque sabes muy bien que no son Tus favores lo que persigo y deseo, sino a Ti mismo, y nada más me satisfará."

Estos momentos de oración llenaban su corazón con aún más amor, y no siempre podía contener sus consecuencias. A menudo se le veía, contra su voluntad, con el rostro radiante. Recordando aquellos años en los que no había habitado el amor de Dios, el hermano Lorenzo hablaba a sus hermanos: "¡Oh bondad, tan antigua y tan nueva, demasiado tarde te he amado! No actuéis así, queridos hermanos. Sois jóvenes; aprovechad la confesión sincera sobre la poca atención que durante los primeros años dediqué a consagrarlos a Dios. Consagrad todos vuestros años a Su amor; y en cuanto a mí, si me hubiera dado cuenta antes, si alguien me hubiera explicado esto que os cuento, no habría tardado tanto en amarlo. Creedme, y considerad perdido todo el tiempo que no hayáis pasado amando a Dios."

Como amar a Dios y amar al prójimo es prácticamente lo mismo, el hermano Lorenzo trataba a la gente de su alrededor con el mismo afecto con que trataba a Dios. Creía que esto era lo que Dios enseñaba en el Evangelio: que todo lo que se haga por el más humilde de sus hermanos sería como hacerlo por Jesús.

Se preocupaba mucho por servir a sus hermanos sin importar la manera en que lo hiciera, y especialmente cuando trabajaba en la cocina. Allí los cuidaba como si fueran ángeles, una caridad que inspiraba a todos los que lo trataban. Atendía las necesidades de los pobres tanto como podía. Los consolaba cuando tenían problemas, ofreciéndoles su consejo. En resumen, hacía todo el bien que podía para el prójimo y procuraba no herir a nadie. Hacía todo lo posible para ganar hombres para Dios.

La muerte no espantaba al hermano Lorenzo en absoluto. En su lecho de muerte, mostró una estabilidad, resignación y alegría extraordinarias. Su esperanza se robusteció y su amor se hizo más ardiente. Si había amado a Dios profundamente durante su vida, no dejó de amarlo ni un ápice en la muerte.

La virtud que más estimaba –la fe– se volvió particularmente vigorosa, penetrándolo en su grandeza y iluminándolo de manera radiante. Se le concedió un momento de soledad para reflexionar sobre la gran gracia que Dios había derramado sobre él durante su vida. Cuando le preguntaron en qué había invertido ese momento, contestó que había estado haciendo lo que haría durante toda la eternidad: "Bendiciendo a Dios, alabando a Dios, adorándolo y amándolo con todo mi corazón. Esta es nuestra llamada, hermanos. Adorar a Dios y amarlo, sin preocuparnos de otra cosa."

Al día siguiente, el 12 de febrero de 1691, sin agonía y sin perder el sentido, el hermano Lorenzo de la Resurrección murió abrazándose al Señor. A los ochenta años, devolvió su alma a Dios con la paz y tranquilidad de quien se adormece. Su muerte fue como un sueño amable que lo ayudó a pasar de esta vida a una vida más bendecida.

Sería fácil concluir que la muerte del hermano Lorenzo fue preciosa a los ojos del Señor, que de inmediato se le ofreció recompensa, y que ahora ya goza de la gloria. Además, sabemos con certeza que su fe fue compensada con una visión clara, la posesión de una gran esperanza y el tipo de caridad que brota de un amor consumado.

ALBADA
EDITORIAL

Albada Editorial es una editorial y una conversación —o muchas— en torno al crecimiento personal y al progreso interior, con una mirada cristiana y abierta, orientada a la acción, a la experiencia, a los días laborables. Publicamos libros pero también nos movemos en otras plataformas y eventos, y aspiramos a iniciar, participar, seguir o encabezar debates y conversaciones de interés.

En la colección **Trayectos** publicamos crónicas en primera persona sobre la experiencia de la fe, la trascendencia y el progreso interior. Voces que comparten su vivencia desde un punto de vista práctico y divulgativo. **Inspiraciones** reúne textos para alimentar la vida espiritual y el crecimiento personal. **Miradas** difunde ideas originales y renovadoras para una vida mejor y propuestas sociales y éticas que suman. **Fuera de Colección** es un cajón de sastre donde editamos sorpresas, caprichos y lo que nos apetece.

¿Quieres enviarnos un **original** para que lo leamos? En la web de Albada tienes un buzón para hacerlo. Envíanos **ideas o reflexiones** interesantes a carlota@editorialalbada.com y escríbenos aquí si quieres celebrar algún **evento** con nuestros autores o sobre alguno de nuestros Libros.

Si quieres **distribuir o vender** Albada, te escuchamos en info@editorialalbada.com. Para conocer de antemano nuestras novedades, lo que se cuece en la editorial y en el mundo que nos interesa, apúntate al **boletín quincenal de Albada** a través de nuestra web o vía este QR:

Síguenos en:
www.editorialalbada.com
@editorialalbada
@editorialalbada
@AlbadaEditorial